AF200514

Francesco Del Romano

DER GLÜCKLOSE SCHLAFWANDLER

Viele Gedichte sind inspiriert von Y. G.
(selten jedoch hat eine Frau in meinem Herzen
derartig starke Emotionen erweckt).

Nun aber beginnt das Buch „Der Glücklose Schlafwandler".
Möge so manch einer ordentlich darüber
nachsinnen!

Bibliografische Information der Deutschen Nationalbibliothek:
Die Deutsche Nationalbibliothek verzeichnet diese Publikation
in der Deutschen Nationalbibliografie; detaillierte bibliografische
Daten sind im Internet über dnb.dnb.de abrufbar.

© Francesco Del Romano, 2017
Titelgestaltung: Eva Greil
Kontakt: E-Mail : francescodr@gmx.at
Herstellung und Verlag:
BoD — Books on Demand, Norderstedt

ISBN: 978-3-7448-7124-2

INHALTSVERZEICHNIS

FATA MORGANA

In jenen Tagen erscheinen mir des Öfteren
die Trugbilder meiner Vergangenheit
bildhaft vor den Augen.
Ich strebte nach dem Unerreichbaren,
wie ein verzweifelter Minnesänger
das erhabene Burgfräulein besingt.
Du jedoch bist längst nur mehr eine Fata Morgana.
Es ist, als wärst du niemals gewesen.
Und dennoch: Ich verspüre auf schmerzhafteste Art
das Fehlen deiner sirenenhaften Stimme,
deines Lächelns, welches in meiner Seele
schon eingefroren.
Heute ging ich wie durch Zufall an der Tür
deiner einstigen Behausung vorbei.
Und es brachen all die Gedanken, all die Gefühle
mit Donnerkrach auf meine arme Seele herab.
Doch deine alte Heimstatt ist längst verwaist.
Vielleicht lebt dort schon jemand anderer.
Du jedoch bist längst nur mehr eine Fata Morgana.

ALL 'OMBRA DELLA TUA BELLEZZA

Sono un prigioniero
all`ombra della tua bellezza.
Ormai ci conosciamo da un bel po` di tempo
ed il tuo fascino non mi permette delle ore tranquille
in vita mia.
Sono un prigioniero
all`ombra della tua bellezza.
Il tuo splendore mi brucia,
me, che rispetto a te sono inferiore.
Sei bella, sei intelligente, sei tutto quello che mi immaginavo
nei miei sogni più fantasiosi.
Sono un prigioniero
all`ombra della tua bellezza.
Lo sono sempre stato
dal primo giorno che ti ho visto.

DIESE ITALIENISCHEN LIEDER

Es gibt Menschen,
die sind an einem gewissen Tag in mein Leben getreten.
Ich habe sie seither nicht mehr gesehen.
Wahrlich ein ständiges Kommen und Gehen auf dieser Erde.
Alte Freunde entschwinden, neue kommen hinzu, wahrscheinlich ist es gut
so.
Der Mensch und seine Beziehungen, sie sind wie alles auf dieser Welt
dem ewigen Wandel unterworfen.
Das Altern, es gehört zum Menschen wie das Salz zum Meer.
Niemand will alt werden, doch keiner entkommt diesem
natürlichen Vorgang.
Die Spuren der Zeit und Vergänglichkeit zeichnen sich beständig auf die
Gesichter der Menschen, die mir unterkommen.
Auch ich muss mich diesem ewigen Prozess beugen,
doch fahre ich fort zu dichten
und diese italienischen Lieder zu hören,
die mich immer wieder an eine bestimmte Frau erinnern.

MORS CERTA, HORA INCERTA

Ich glaube nicht, dass der alleinige Sinn des Lebens in der Vermehrung liegt.
Denn wie hirnverbrannt wäre diese Annahme wohl,
wenn man beachtete, dass auf dieser Erde seit jeher unablässig Kriege wüten,
die Millionen von Menschenleben verschlingen?
So wollen die Einen: Vermehren, Vermehren, Vermehren.
Die Anderen aber: Vermindern, Vermindern, Vermindern.
Die Ersten: Gebären, Gebären, Gebären.
Die Zweiten aber: Vernichten, Vernichten, Vernichten.
Abgesehen davon, dass dies nicht den geringsten Sinn ergibt,
ist eines aber allen sicher: der Tod.
So werden die Vernichter eines Tages selbst das Zeitliche segnen.
Und das Dichterwort bewahrheitet sich:
„Mors certa, hora incerta".

DES DICHTERS ROLLE IN DER GESELLSCHAFT

Beobachter und zugleich Teil unserer Gesellschaft,
gewiss, diese Rolle fällt dem Dichter zu.
So manch einen versetzt er in Unruh',
manch andrer schmäht das Werk, übersieht dessen Kraft.

Am schlimmsten jedoch gibt es nicht einmal den geringsten Widerhall.
Zweifellos erfreut sich der Poet am Lob über sein Schaffen,
genauso wird ihn herbe Kritik nicht gleich dahinraffen.
Gleichgültigkeit jedoch ist, als wäre sein Gedicht nur Rauch und Schall.

Nicht offenkundig, wohl aber auf subtile Art und unterschwellige Weise
mag der Dichter seinen Einfluss auf so manch Menschen ausüben.
Doch zuletzt ist jedermann eigenverantwortlich auf seines Lebens Reise.

Bringt also der Künstler seine Seele zu Papier,
so sicherlich auch um aufzuarbeiten.
Nicht selten um Freude zu bereiten.
Seine Gefühle sind es, kunstvoll verewigt hier.

Sicher wird er sich manchmal fragen:
„Ist es gutes Gedankengut, das ich verbreite,
wie wird es ein andrer vertragen?"

Man könnte natürlich an diesem Gedanken hängen bleiben,
unter der drückenden Last der Verantwortung stöhnen,
zerbrechen an jenen Menschen, die spotten und höhnen.
So betrachtet, dürfte man überhaupt gar nichts mehr schreiben.

Selbst wenn der Poet jedoch schwermütig Geschichten erzählt voll Düsternis
und damit im Leser eine traurige Stimmung weckt,
gerade dann kann es sein, dass der Leser entdeckt:
Traurig war einst der Schreiber, entkommen aber seines Geistes Gefängnis.

Somit kann der Dichter Hoffnung schenken,
dem einen Freude bereiten,
ihn ein Stück Weges begleiten.
Den andren gar dazu bringen umzudenken.

So lasset nun der Dichtkunst ihre lebensnotwendige Freiheit
und gebet ihr nicht zu Unrecht Schuld
an der Welt Elend, des Menschen Not und Leid.

SPÄTER RUHM

So wehet dahin der melancholische Spätsommerwind
und ich sitze hier wie ein Gefangener
in meiner Gruft.
Der Freund - er kam, stand mir bei und ging.
Vielleicht kehrt er nicht wieder.
Oh, ich bin nur ein armer Lehensmann
meinem Feudalherrn.
Mein Dasein aber
leer eines Burgfräuleins.
Meine Katze, meine einzig Gesellschaft.
Wie gern möcht' ich fort,
hinaus in die weite Welt!
Doch ich bin gebunden
an Land, Haus, Hof und
die klingende Münze.
So höre ich denn wehmütige irische Weisen,
die mich erinnern an Sligo und die sagenumwitterte Westküste.
Ob ich jemals ein William Butler Yeats sein werde,
weiß ich nicht.
Doch vielleicht wird dereinst
später Ruhm
revidieren
mein Parasitendasein.

DER GLÜCKLOSE SCHLAFWANDLER

„Wir sind alle nur Schlafwandler,
im Albtraum, der unser Leben bedeutet."
Francesco Del Romano

Im folgenden Zyklus sei das Leben und Streben des glücklosen
Schlafwandlers beschrieben.

Der glücklose Schlafwandler war ein ambitionierter und ehrgeiziger Mann,
allein viele Dinge mochten ihm nicht glücken.
Einst versuchte er auszuwandern in ein fernes Land. Er erlernte auch
vorzüglich
die Landessprache, beschäftigte sich mit Geschichte, Kultur und Sitten seines
Ziellandes. Aber zu schlechter Letzt kam er wieder enttäuscht in seine
Heimat zurück.

Der glücklose Schlafwandler sah sich selbst als Dichter, doch von
poesiebegeisterten Menschen keine Rede in dem fernen Land, in welches
er auszuwandern versuchte.
Auch war der Löwenanteil der Einwohner dieses Landes von keiner
tiefgründigen Natur, wie etwa der glücklose Schlafwandler.

Der glücklose Schlafwandler scheiterte auch auf anderen Gebieten.
Beispielsweise fand er nie für längere Zeit eine Anstellung.
Sein Charakter wies weder ein großes Durchhaltevermögen noch
eine ausgeprägte Kontinuität auf.

Viele Arbeiten wurden ihm bald lästig oder langweilig.

So war der glücklose Schlafwandler ein Träumer und lebte in den Tag hinein. Er war aber nicht immer sehr zufrieden mit dieser „allzu freien" Lebensweise.
Der glücklose Schlafwandler war einsam. Die Fortuna hatte ihm niemals eine passende Geliebte zur Seite gestellt.

Sooft er es auch versucht hätte, die Bemühungen, dieser Einsamkeit ein Ende zu setzen, waren gescheitert. Während dieser Suche nach der idealen Geliebten lernte der glücklose Schlafwandler jedoch eine Vielzahl unterschiedlicher Frauen kennen.

AN EINEM KALTEN WINTERABEND,
ALS WIEDER DIE WÖLFE UMS HAUS SCHLICHEN

Es war ein kalter Winterabend und die Wölfe schlichen ums Haus,
doch ich gedachte deiner.
Wie eine Wölfin schlichst du dich in mein Herz
und zerfleischtest es von innen.
Ich weiß gar nicht, warum ich immer noch Gedanken an dich verschwende.
Ich kann mir nicht erklären, was es ist, das mich dich
und deine Grausamkeiten vermissen lässt.
An einem kalten Winterabend, als wieder die Wölfe ums Haus schlichen,
lag mein Haus unter Schnee begraben in der Einöde.
Ebenso mein Herz,
und die Wölfe kamen näher.

GEBROCHENER MANN

Nun ist einiges an Wasser den Tiber hinabgeflossen,
seit ich das letzte Mal zur Feder griff.
Rom steht noch!
Die Barbarenhorden wüten noch.
Doch kein Kampf ärger
als jener in meinem Gehirne.
Kurz streift ein Gedanke an den Bruder,
jenen, der den Weg alles Irdischen schon zuvor gegangen,
meinen Geist:
Wir entspringen demselben Stamm,
jedoch aus verschiedenen Hölzern geschnitzt.
Dass ich lebe, ein grenzenlos Wunder.
Jedoch: Alles was geschehen ist, geschieht und geschehen wird,
lässt mich zurück
als gebrochenen Mann.

AN GOTT

Gott im Himmel,
es gibt viele Fragen,
die mich plagen.
Warum lebt der Mensch im Kriege
mit seinesgleichen?
Warum ist die Erde
voll Gewalt?
Warum erdolcht Brutus Caesar,
ein Liebhaber die Geliebte,
ein Freund den Freund?
Guter Gott, ich flehe dich an:
Lass endlich herrschen
Friede und Harmonie
auf dieser leidgeplagten Welt,
unter diesem schmerzgeschüttelten
Menschengeschlecht.
Gott, wo bleibt deine vielgepriesene
Allmacht?
Hast du den Menschen erschaffen —
wieso raubt, mordet und vergewaltigt
er dann?

Ist dieser Mensch wirklich nicht mehr
als ein hochentwickelt Affe?
Ein armseliges, triebgesteuertes Vieh,
das im Auto sitzt und Gas gibt,
auf dass es sich selbst und andere
in den Tod reißt?
Nein, mein lieber Gott,
das kann,
das darf,
das soll
nicht alles sein!
Gott, warum ließest du Boccaccio verarmen,
Kleist sich selbst töten,
Schiller in Opium und Champagner ertrinken
und einen gewissen Poeta Minore
ein Lebtag lang vor sich selbst
flüchten?
Diese Ungerechtigkeit ist uferlos
und
schreit zum Himmel!
Der Mensch, er erblickt das Licht der Welt,
wächst zur Frau oder zum Manne heran,
kämpft, streitet, läuft, hechelt, keucht
tagein, tagaus.

Ein ganzes Leben soll er arbeiten,
auf dass ihm der Schweiß
in Sturzbächen von der Stirn fließet,
dann soll er sterben,
dann soll er ewig in der Hölle brennen?
Vielleicht, weil er sich hingab
der Liebeslust?
Oder anderen vermeintlichen
irdischen Sünden (die du alle erschaffen)?
Nein, himmlischer Vater, Herr der Finsternis und des Lichtes,
das darf nicht alles sein!
Bist du wahrhaft der Heiland
dieser unheilen Welt,
so setze nun ein Zeichen
und
ich werde dir nachfolgen.
Mehr verlange ich nicht
doch bitte
nimm dir zu Herzen
dieses Gedicht!

MEIN OZEANISCHES REICH

Ich träumte von der weiten hohen und blauen See.
Auf dem Haifisch saß ich und ritt durch farbenprächtige Korallenriffe.
All meine Sorgen waren verschwunden, Tausende Meter unter dem Meer.
Eine Welt für sich, diese maritimen Gefilde,
immer wieder gibt es hier Neues zu entdecken.
Und während ich so in ozeanischen Tiefen weilte,
tobte zu Lande die Revolution.
Die Menschen stiegen auf die Barrikaden,
protestierten gegen ungerechte Verteilung
von Reichtümern, schlugen den Basiliken des Geldes die Fenster ein,
rangen mit den Vollstreckern der sogenannten Gerechtigkeit.
Doch ich war fern dieser Unruhen,
Tausende Meter unter dem Meeresspiegel
in meinem ozeanischen Reich.

PECHSCHWARZES HAAR

Du hast gesprochen,
klare Worte.
Und mir bleibt nichts
als dir zu gehorchen.
Ich fühle mich
als hättest du mir
die Hälfte meines Herzens herausgeschnitten.
Ich fühle die Verlassenheit,
ich fühle die Einsamkeit.
Das Leben erscheint mir als einsame Ödnis
ohne dich.
Und die Menschen,
sie rennen weiter.
Als wäre nichts geschehen.
Pechschwarzes Haar,
du brachtest Pech fürwahr.

NEUE UFER

Neue Ufer warten darauf angesteuert zu werden.
Denn die alten Gestade sind wenig verheißungsvoll.
Ich muss diese seelische Pein zurücklassen.
Es bleibt mir nichts anderes übrig,
sollte ich denn am Leben bleiben wollen.
Loslassen, es erscheint so schmerzvoll,
größer jedoch die Pein des ewigen Festhaltens
an Menschen, die der Herzensmühe weder wert noch würdig.
Zeichen von absoluter Ignoranz
habe ich empfangen.
Nun ist es an mir das Gegenüber zu ignorieren.
Denn mich selbst möchte ich in dieser Schlacht
keineswegs verlieren.

SPÄTSOMMER — TRÄUMEREIEN

Der Sommer ist dem Sterben nahe,
und ich sitze in meinem altbekannten Stammcafé,
beobachte das vorbeistreunende Menschenvolk.
Die letzten wärmespendenden Strahlen
des heißen Himmelskörpers,
der diese Erde fortdauern lässt,
streicheln auch meine Haut.
Noch ist der Winter mit seiner Kälte
und seinen Entbehrungen
nicht über mich und das betriebsame Menschenvolk
hereingebrochen.
Doch bald wird auf glühend Wärme
eisige Kälte,
auf Spätsommer — Träumereien
tiefstwinterliche Schwermutslyrik folgen.

DER TRAURIGE POET

Der traurige Poet ging seiner Wege,
allein.
Niemals war eine Frau an seiner Seite,
niemals war er
er selbst.
Der traurige Poet stand im Hochhaus,
blickte durch die hohe Glaswand
und sah:
Chaos und Zerstörung, Anarchie und Bürgerkrieg.
Eine heillose Welt,
ein heilloser Dichter.
So verblieb dem Poeten nichts
als seinen Weg zu verlängern,
allein,
einer dem Untergang geweihten Welt entgegen.

DER DREIBEINIGE HUND

Gestern sah ich einen dreibeinigen Hund.
Rennen in unserer Welt nicht viele dreibeinige Hunde herum?
Zähle ich nicht zu ihnen?
Das Gewicht des Lebens ist schwer zu tragen,
mit drei Beinen,
die Balance leidet,
wenn ein Fuß fehlt.
Wie beim Hunde, so beim Menschen.
Vielleicht ist jeder Dichter
ein dreibeiniger Hund.
Ausgestattet mit einem vortrefflichen Geiste
jedoch beeinträchtigt durch körperlich Gebrechen.
So friste ich meine Tage,
kämpfe gegen jeglich Plage.
Ich kenne viele dreibeinige Hunde,
die kämpfen, streiten, straucheln und
wieder aufstehen,
unentwegt, immerfort.
Von der Welt zum dreibeinigen Hund
geschlagen,
vom Menschen spirituell verstümmelt
so vegetieren wir dahin
und fragen uns:
„Wo bleibt bei all dieser Komplikation bloß der Sinn?"

SUCHE NACH ERLOSCHENER LIEBE

Die Erinnerung an eine entschwundene Liebe ließ sich in meinem Geiste
nieder. Das Begehren, dich wieder zu sehen, entbrannte in mir. Also suchte
ich den Ort früherer Begegnungen auf um zu sehen ob ich dich finden würde.
Meine Füße trugen mich also zu der Abendschule, in der ich dich das erste
Mal auf den Eingangsstufen sitzend erblickte. Ich ging also in den Schulhof
und wartete lange Zeit in klirrender Kälte dein Gesicht zu sehen. Doch du
kamst nicht. So wartete ich dir vor dem Eingangstor, wiederum vergebens!
Mein Herz war von Enttäuschung erfüllt und einsam ging ich meiner Wege,
lauschte dem Wind, denn ich dachte,
er hätte deine Worte von deinen Lippen gerissen und an mein Ohr getragen.
Überall, wohin meine Blicke fielen, dachte ich, ich sähe deine Augen.

NUR FÜR DAS WORT

Ich bewege mich angstvoll,
wie von den Klauen einer Bestie
gejagt,
nur um in das Maul
der anderen zu fallen.
Es ist alles Wahnsinn.
Es ist alles unsagbar.
Es ist alles für meinen Geist unglaubbar.
Oh weh, mein Glaube zerfällt wie ein Schloss
aus Sand erbaut,
zerbröckelt immer mehr
wie eine Kirche aus leccesischem Stein.
Und nicht nur meine Tugend,
ja die Tugend der ganzen Welt
scheint in Gefahr zu vergehen.
Ich fürchte, kein Palast der Ehrlichkeit
wäre geschaffen für die Ewigkeit.
Wenn ich zurückblicke
auf vergangene Tage,
erkenne ich
eine Art Pompeij.
Müde bin ich
die Ruinen auszugraben,
die den Pfad meines Lebens
säumen.

Leicht gesagt,
die Dinge nicht so schwer zu nehmen,
für denjenigen,
der in seinen Geist nicht eingeschrieben,
meine Dämonen
sowie der, der nicht auf harter Erde
unter Sternenhimmel geschlafen,
nicht zu schätzen weiß
den geruhsamen Schlaf
im weichen Bett.
Doch hoffe ich
mich immer mehr anzunähern
an den Steg der Wahrheit,
das Ufer der Realität zurücklassend.
Und wer weiß,
vielleicht wird einer
eines Tages meinen:
„Der Gedanke wurde zum Worte und nur für das Wort hat er gelebt."

EIN EMOTIONALER ELEFANT

Ach, was so gut anfing,
es endet böse doch!
Ich finde in diesem Leben
die Liebe nicht.
Wie Petrarca bin ich,
arm, einsam, ewig auf der Suche.
Warum immer die Gefühle zurückhalten?
Warum nie ich selbst sein dürfen?
Die Frauen, sie sind grausam,
so auch die Männer.
Ich verlange nichts,
außer der Liebe einer Dame meines Herzens.
Ist das schon zu viel?
Anscheinend bin ich ein emotionaler Elefant
und zertrample
jeden zarten Keim.

EWIGKEIT

Wie wird sie wohl aussehen die Ewigkeit?
Kein Lebender kann dies beantworten.
Ewig, grenzenlos, für den Menschen unfassbare Dimensionen.
Was, wenn Paradies, Himmel oder Nirvana nicht Wort halten würden?
Groß wäre die Enttäuschung der armen Seelen.
Noch größer vielleicht der Schmerz, würden die armen Seelen zur Hölle
fallen.
Doch all dies sind Dinge, die uns Lebenden verborgen bleiben,
bis an den Tag, an dem wir selbst zu Sterbenden werden.
So sitzen wir hier und rätseln, manch einer ein ganz Leben lang darüber,
was wohl nach dem Leben kommen möge.
Vielleicht ist es Zeitverschwendung, vielleicht aber tut es not,
sich den Kopf darüber zu zerbrechen,
wie ein Weiterleben nach dem Tode aussehen könnte.
Das Christentum spricht vom Himmel, oder auch der Hölle,
der Buddhismus vom Nirvana und so weiter und so fort.
An eine derartige These zu glauben, fällt mir eher schwer.
Glücklich zuweilen die Menschen, die daran glauben können,
zumal sie sich scheinbar in Sicherheit wähnen.
Was bleibt, ist ein großes Rätsel,
die Pforte zur Ewigkeit
bleibt uns Lebenden noch verschlossen.

KEIN SCHIMMER VON LIEBE

Nun wurde ich ein weiteres Mal vom Schicksal zurückgelassen.
Ich lebte die Illusion
einer unmöglichen Liebe.
Die Vorsehung meint es schlecht mit mir.
Immer wieder gelange ich in Situationen,
die ausweglos scheinen.
Fortgehen müsste ich mit ihr,
weit weit fort.
Mein Herz, es rast,
Zuflucht suchte ich,
Verzweiflung habe ich gefunden.
Ich bin bedauernswert.
Keinen Schimmer von Liebe
hat mir Gott vergönnt.

AMANTE SOLITUDINE

Ovunque vado m'accompagna il vento ghiacciato, ho sposato la solitudine
contro il mio volere ed ella non si divorzia mai, è un'amante fedele.
Ora mi sono fermato in una città di pietra e pietra diventa anche il mio
cuore.
Da fuori sembro vivo, dentro sono morto.
Non ho nessun' idea perché vivo ancora.
Non so chi tiene in mano la provvidenza.
So soltanto che chiunque sia dev'essere spietato.
Vado continuamente in cerchio ma seppure fortemente tento di romperlo,
resto sempre imprigionato da lui.
L'amore non si conquista con la tristezza, certo ne sono consapevole
eppure non tento più di mostrarmi più felice di quello che sono
perché il vero amore non s'acquista nemmeno con la menzogna.
La gente che vedo crea spada e sdegno dentro la mia anima.
Appartengo ad un piccolo gruppo alla periferia della società umana,
appartengo agli sconfitti della crudeltà dell'umanità.
È sempre stato così e non vedo cambiamento.
Non sento nessuna passione né per un pezzo di stoffa né per un mucchio di
lamiera.
Ma sono queste le cose che determinano il ricco e il povero, il bello e il
brutto, l'amore e la solitudine.
Pago un prezzo tremendo per la mia diversità e non è più lontana la rovina.

THE MIST OF TIME

I see lovers in the park
holding each other tight
but oh what fright,
my love has wilted a long time ago.
I see old and crippled trees
and they remind me of my soul.
I hear the bird's song
and human's same old song and dance
everywhere I go.
All the world is searching for love
and so am I.
But after all that's happened
why should I even try?
Sometimes watching this ancient forest
I wish to become a tree,
sometimes admiring the warm brown earth
I would like to become part of her.
And the same happens when I cast my eye into the river,
then I would love to turn to water,
to have no more human desires, hopes and expectations.
Becoming one with the eternal circle of this world
that's my biggest desire,
becoming one with the everlasting and universal love
that makes this world go round and round
when me and you will be long gone
in the mist of time.

ANGST

Wo bin ich?
Bin ich wach oder träume ich?
Angekommen in der Heimat
bin ich niemals.
Ewig auf Reisen
ist mein Geist.
Das „wirkliche" Leben
und das „andere" Leben der Traumländer
vermischen sich in meinem Kopf
und erzeugen darin
ein heilloses Durcheinander.
Viele nervenzersägende Gedanken
werden unterdrückt
um nur irgendwann später
wieder aufzubrechen.
Heiße italienische Liebesnächte verschwimmen
im österreichischen nasskalten Regen.
Die Spur einstiger Pfade
überwuchert von zarten Pflanzen der Liebe
verliert sich mehr und mehr
in den Nebeln der Gegenwart.
O hättest du doch der Liebe Genuss
in volleren Zügen getrunken!

Doch Angst erfüllte dein Herz
und sie wollte im Rausch nur wachsen.
Angst, die auf deine Seele gespuckt,
Angst, die dein Leben
zum Knecht fremder Mächte gemacht.
Angst, die dich geschlagen, gefoltert
und unterjocht hat.
Ja, Angst war es.
Und du konntest nichts tun
als mit gebundenen Händen zuzusehen.
Von Kindesbeinen bis zu diesen meinen Tagen
zieht sich nur eine Konstante: Angst.
Vielleicht hat mir die Angst sogar die Liebe gestohlen,
was könnte ich noch verlieren?
Die Unschuld nicht mehr.
Die hast du ergriffen und mitgenommen
ins ferne Persien.

DER HAIFISCH ZU LANDE

Bei Dämmerlicht sitze ich in meinem Zimmer und beginne zu schreiben.
Arbeit ist eine menschliche Erfindung, der ich nicht gewachsen bin.
Vieles habe ich versucht, jedoch glücklos.
Mit Langstreckenläufern kann ich es nicht aufnehmen,
dazu fehlt es mir am langen Atem
und einer Sache bin ich mir nun sehr wohl gewahr:
Zu stark das Leiden an der Seele.
Wenn es darum geht mir meinen Lebensunterhalt zu verdienen,
bin ich wie ein Haifisch, der an Land geschleppt wurde:
ich keuche, schnaufe und komme nicht einen Millimeter voran.
Möglicherweise darf ich wagen zu behaupten,
dass ich, wenn es daran ist, die Dichtkunst zu pflegen,
dem Hai im Meer gleiche:
Ich furche ozeanische Gewässer mit behänder Schnelligkeit,
erbeute wertvolle Verse, fühle mich in meinem Element.
Doch in dieser Welt vermag ich keine Heimstatt zu finden,
wo die Menschen nicht aufhören sich zu bekriegen
die Gewalt zu lieben.
Zumal mir nur die Poeterey verbleibt,
werde ich nicht von der Feder lassen
bis der letzte Atemzug getan.

PHANTOM

Ein Phantom verfolgt mich,
auf allen meinen Wegen.
Keine ruhige Stunde,
ist mir vergönnt.
Wohin ich mich auch wenden mag,
deine Augen sie sind auf mir.
Verflucht der verregnete Sonntag,
vorletzten Mai,
als ich dir zum ersten Mal
in dein schönes Gesicht blickte.
Menschen und Tiere,
unheilvolle Boten deiner einstigen Präsenz,
haben heute meine Wege gekreuzt.
Und so scheint die Vergangenheit
niemals zu enden.
Ein Phantom verfolgt mich,
auf allen meinen Wegen.
Keine ruhige Stunde,
ist mir vergönnt.
Unvergesslich, einst jener Abend,
an dem ich in dieses Gesicht blickte,
dieses schöne Gesicht,
mit dem unheilbar verlorenen Blick.

GEGEBEN UND GENOMMEN

Du wurdest mir gegeben,
in meine näheste Umgebung,
und ebenso wieder genommen.
So schnell du in mein Leben kamst,
so schnell gingst du auch wieder.
Und ich gehe diese alten ergrauten Straßen entlang,
wahrscheinlich bis ich ins Grab falle.
Doch unser Viertel, es ist nicht mehr dasselbe
seitdem du es verlassen.
Zwielichte Gestalten sitzen auf der Bank
in dem Park, in dem wir einst saßen,
Seite an Seite.
Unheimliche verlorene Figuren und Schatten
säumen jetzt dieses elende Viertel.
Die Schatten werden länger,
die Tage kürzer,
auf hurtigen Beinen bist du davon,
aus meinem Leben geschieden
und wirst nicht wiederkehren.

DIE PFORTEN DER HERRLICHKEIT

Das Leben ging weiter,
auch ohne dich.
Der treue Freund,
er bereitete gestern ein Festmahl zu,
ich stehe in seiner Schuld.
Und so stehe ich in vieler Leute Schuld,
seien es nun Familienmitglieder, Verwandte oder Freunde.
Zeit ist es nicht zu klagen,
es ist der Klagen genug geschehen.
Not tut es, neue Wege zu gehen.
Die alten Pfade, sie lohnen der Mühsal nicht länger.
Das Leben ging weiter,
auch ohne dich.
Und so ging es immer weiter,
bis zum Tage, an dem wir uns wiedersehen,
an dem der irdische Weg vollbracht,
an dem wir angekommen,
vor den Pforten der Herrlichkeit.

MEINES LEBENS WEG

Auf meines Lebens Weg begegneten mir vielzählig Menschen,
die mir mannigfaltig Geschichten erzählten.
Einmal wurde einem Mädchen der Bruder in ein anderes Land entführt,
ein andermal berichtete eine Frau von ihrem wundersamen Leben,
fernab auf einer Insel jenseits des Ozeans.
In diesem Viertel haben schon so viele interessante
und auch weniger interessante Menschen,
meine Wege gekreuzt.
In diesem Leben hat sich schon so viel Erfreuliches,
und weniger Erfreuliches zugetragen.
Weit habe ich ausgeholt,
ein Jahr bracht' ich in der Seelenheimat zu.
Nun bin ich geraume Zeit zurück,
in einem Land,
welches mir missfällt,
unter einem Volk,
welches mich nicht versteht.
Meine Seele gleicht einem stark beschriebenen Buch
und ständig kommen Seiten hinzu,
die Menschen schreiben,
welchen ich Zutritt zu meinem Herzen gewähre.

BLÜTE DES ORIENTS

Rumis Rohrflöte ist getrennt von ihrem Ursprung,
ich bin getrennt von meiner Jasminblüte.
Der Sänger ward seiner Muse beraubt.
Petrarca würde sagen: Jahre hindurch schenkte mir das Leben
nichts als Zähren.
Die großen Dichter des Orients und des Okzidents wüssten wohl,
wie es einem Poeta Minore ergehen mag.
Und die römische Phoinikerin ist nur mehr ein fernes Traumbild,
welches mich jedoch heimsucht, tagein, tagaus.
Meine Tage sind leer, meine Nächte sind eisig.
Wehklagen entströmt meiner gepeinigten Seele.
So sehr sie mich für ihre Zwecke instrumentalisierte, so sehr liebe ich sie.
Die Faszination ist ungebrochen.
Ich weiß, sie ist für mich die Falsche, dennoch erscheint eine Existenz
ohne sie, trostlos.
Blüte des Orients — wirst du jemals wieder für mich erblühen?

KURZBIOGRAPHIE DES AUTORS

Francesco Del Romano wurde 1984 in Steyr geboren.
Früh entwickelte er eine große Leidenschaft für die italienischen Dichter,
vor allem des Trecento. Inspiriert wurden seine Dichtungen vor allem von
Dante Alighieri und Giovanni Boccaccio einerseits und Dichtern der Weimarer
Klassik (Johann Wolfgang von Goethe, Friedrich Schiller) andererseits.

Insgesamt verbrachte der Dichter ein Jahr in Italien, abgesehen von
unzähligen Reisen in dieses Land. Die Italien Aufenthalte sollten einen
fruchtbaren Boden für weitere Gedichte bilden.
Zeitweilig studierte Francesco Del Romano in Salzburg Italienisch
und Geschichte.

„Der Blumenwolf" war die Erstveröffentlichung dieses Autors und ist bei
Books on Demand im Oktober 2016 erschienen.
„Der Glücklose Schlafwandler" ist somit das Zweitwerk von Francesco Del
Romano.

Ein besonderer Dank gebührt meinen Eltern,
meiner Familie und natürlich allen meinen Freunden!